Sandra Ruppe

# Erik H. Erikson - Die menschliche Stärke und der Zyklus der Generationen

GRIN Verlag

**Bibliografische Information der Deutschen Nationalbibliothek:**

Die Deutsche Bibliothek verzeichnet diese Publikation in der Deutschen National-
bibliografie; detaillierte bibliografische Daten sind im Internet über http://dnb.d-
nb.de/ abrufbar.

**Impressum:**

Copyright © 2005 GRIN Verlag GmbH
Druck und Bindung: Books on Demand GmbH, Norderstedt Germany
ISBN: 978-3-638-80744-9

**Dieses Buch bei GRIN:**

http://www.grin.com/de/e-book/76127/erik-h-erikson-die-menschliche-staerke-und-
der-zyklus-der-generationen

**GRIN - Your knowledge has value**

Der GRIN Verlag publiziert seit 1998 wissenschaftliche Arbeiten von Studenten, Hochschullehrern und anderen Akademikern als eBook und gedrucktes Buch. Die Verlagswebsite www.grin.com ist die ideale Plattform zur Veröffentlichung von Hausarbeiten, Abschlussarbeiten, wissenschaftlichen Aufsätzen, Dissertationen und Fachbüchern.

Universität Osnabrück

Fachbereich Erziehungswissenschaften

Referat

# Die menschliche Stärke und der Zyklus der Generationen
# Von Erik H. Erkikson

Sandra Ruppe

Osterwald, den 14.09.07

# 1 Einleitung

Erik H. Erikson ist einer der herausragendsten Psychoanalytiker des Jahrhunderts. Er wurde von Sigmund Freuds Tochter Anna ausgebildet und entwickelte die Theorien Siegmund Freuds weiter. Besonders herausragend ist seine Theorie der lebenslangen Entwicklung als Abfolge psychosozialer Entwicklungsstufen, da sie eine umfassende Entwicklungstheorie darstellt, welche bei der Geburt beginnend alles bis in das hohe Alter einschließt.

Im Gegensatz zu Freud sah Erikson die Entwicklung des Menschen im Zusammenhang mit dessen kulturellen Rahmen und sozialen Kontext und bezog dies in seine Theorie mit ein.

## 2  Eriksons Theorie

Siegmund Freud sah die menschliche Entwicklung als Prozess des Ausbildens psychischer Strukturen im Durchlaufen psychosexueller Phasen.[1] Laut Freud wird diese Entwicklung durch Konflikte zwischen den biologisch, festgelegten Trieben des Individuums auf der einen und den Interessen der Umwelt und Gesellschaft nach sozial angepasstem Verhalten auf der anderen Seite, hervorgerufen. Ziel der Entwicklung ist das Ausgleichen dieses Ungleichgewichtes und letztlich das Erreichen eines „normalen" Sexuallebens eines Erwachsenen.[2]

Erikson erweiterte und modifizierte Freuds Theorie, konzentrierte sich dabei aber mehr auf Prozesse der Sozialisation und damit auf soziale und kulturelle Einflüsse der Gesellschaft auf den Menschen. Im Gegensatz zu Freud geht Erikson davon aus, dass nicht nur die Eltern, sondern auch andere Personen und Personengruppen, wie z.B. Lehrer und Peer-Groups, Einfluss auf die Entwicklung eines Kindes nehmen. Des Weiteren sieht er eine Beziehung des wechselseitigen Einflusses in der Interaktion der Genrerationen. Während Freud deutlich machte, welchen starken Einfluss Eltern auf die Entwicklung ihrer Kinder haben, spricht Erikson von Wechselseitigkeit. Nicht nur die Eltern prägen die Kinder, sondern die Kinder verändern auch das Leben der Eltern und beeinflussen so deren Weiterentwicklung. Darauf werde ich in einem späteren Kapitel noch genauer eingehen.

---

[1] Siehe Anlage: Folie 1 (Die psychosexuelle Entwicklung )

[2] vgl. Zimbardo/Gerrig, 7. Aufl. 1996, S. 531/532

2

## 2.1 Das epigenetische Prinzip

Nach Erikson läuft die Entwicklung nach dem epigenetischen Prinzip ab. Dieses Prinzip besagt[3], dass wir unsere Persönlichkeit in festgelegten, aufeinanderfolgenden Stadien weiterentwickeln. Wobei jedes Stadium seine optimale Zeit hat und das Fortschreiten von einem Stadium zum nächsten von dem Erfolg oder Misserfolg des vorangegangenen Stadiums abhängt. Jedes Stadium umfasst bei Erikson eine bestimmte Entwicklungsaufgabe psychosozialer Natur, welche er als Krise bezeichnet, die gelöst werden muss, um das nächsthöhere Stadium zu erreichen. Es ist weder möglich das Entwicklungstempo zu drosseln, noch es zu beschleunigen, vielmehr hängt es von der Individualität des einzelnen als auch von dem Charakter seiner sozialen Umwelt ab. Wenn eine Entwicklungsaufgabe gelöst und damit ein Stadium gut abgeschlossen wurde, behält das Individuum eine gewisse Tugend oder psychosoziale Stärke, welche es dann durch die weiteren Stadien begleitet.

Unter Tugend versteht Erikson *„bestimmte menschliche Qualitäten der Stärke"*[4] und leitete diesen Begriff von dem altenglischen Wort „virtue" ab, welches *„innewohnende Kraft oder aktive Qualität"*[5] bedeutet.

Wird eine Entwicklungsaufgabe jedoch nicht befriedigend gelöst, z.B. indem die Balance zwischen positiven und negativen Aspekten der

Aufgabe nicht erreicht wird, kann es zu Fehlanpassungen und Verhaltensstörungen kommen, welche die gesamte weitere Entwicklung gefährden können. Ähnlich wie bei einer Rosenknospe, wo sich jedes Blatt in einer bestimmten, von der Natur genetisch vorgegeben Reihenfolge öffnet. Wird in das natürliche Ordnungsprinzip der Entwicklung eingegriffen, indem ein Blütenblatt zu früh hervorgezogen wird, kann dies

---

[3] vgl. Erikson, E.H., 1988, S. 30/31

[4] Erikson E.H., 1964, S. 101

[5] ebd., S. 101

3

die Entwicklung der ganzen Blume zerstören. Doch *„Epigenese bedeutet keinesfalls eine bloße Aufeinanderfolge"*[6], sondern wie jede einzelne körperliche, geistige und soziale Entwicklungsstufe für sich allein wichtig ist, bauen diese verschiedenen Ebenen aufeinander auf und bildet den Teil eines Ganzen, die Weiterentwicklung des gesamten Idividuums.

Erikson kam zu der Erkenntnis, „dass man damit rechnen kann, dass das gesunde Kind bei richtiger Anleitung im Verlauf bedeutsamer Erfahrungen den epigenetischen Gesetzen der Entwicklung folgt, denn diese halten wichtige Interaktions-möglichkeiten mit einer wachsenden Zahl von Individuen und den Sitten, die sie lenken, bereit."[7]

---

[6] Erikson E.H., 1988, S.32

[7] ebd., S.31

## 3 Die menschlichen Tugenden

Nach Eriksons Acht-Stufenmodell geht die gesunde Persönlichkeit aus jeder Entwicklungsstufe auf der Suche nach der eigenen Identität, nach erfolgreich gelöster Entwicklungsaufgabe, *„immer wieder mit einem gestärkten Gefühl innerer Einheit, einem Zuwachs an Urteilskraft und der Fähigkeit hervor, ihre Sache `gut zu machen´, und zwar gemäß den Standards derjenigen Umwelt, die für diesen Menschen bedeutsam sind."*[8] Diese Weiterentwicklung bezeichnet Erikson in verschieden seiner Schriften als Grund-Tugenden[9], psychosoziale bzw. menschlichen Stärken oder Ich-Qualtiäten,[10] „welche einen jungen Menschen `qualifizieren´ sich in den Generationenzyklus einzureihen – und einen Erwachsenen ihn zum Abschluss zu bringen."[11] In den acht Entwicklungsstufen werden folgende Tugenden erworben:

### 3.1 Hoffnung

Die Tugend Hoffnung schreibt Erikson der ersten Entwicklungsstufe zu, welche das erste Lebensjahr bzw. die ersten anderthalb Jahre des Lebens umfasst. Daher spricht er von Hoffnung als der frühesten und unentbehrlichsten Tugend des Lebendigseins und von der kindlichsten aller Ich-Qualitäten.[12] Er definiert sie als den fortwährenden Glauben an die Erfüllbarkeit leidenschaftlicher Wünsche[13] und als ein positives Gefühl für eine vorausgeahnte Zukunft[14], welches aus dem Grundvertrauen in die Umwelt entsteht, dass das Neugeborene durch vertrauenswürdige mütterliche (bzw. elterliche) **Fürsorge** aufbaut und aufrechterhält. Hier zeigt sich auch am deutlichsten der von Erikson oft betonte

---

[8] Erikson, E.H. ,1995, S. 56

[9] vgl. Erikson, E.H., 1964, S. 100

[10] vgl. Erikson, E.H., 1988, S.71

[11] ebd., S.70

[12] vgl. Erikson, E.H., 1964, S.104

[13] vgl. ebd. , S.106

[14] vgl. Erikson, E.H., 1988, S.76

wechselseitige Einfluss der Generationen untereinander, denn während die Hilflosigkeit und Abhängigkeit eines neugeborenen Kindes Mitgefühl und Zärtlichkeit und den Impuls zu ver- bzw. **„für"- sorgen** in seinen Eltern weckt, weckt deren liebevolle Zuwendung in dem Säugling die **Hoffnung**. Auch die (Eltern- bzw.) Mutterschaft stützt sich auf soziale Erfahrungen, welche durch vorherige Generationen vermittelt wurden, z.b. durch die frühen Erfahrungen der Mutter (bzw. des Vaters) selbst bemuttert worden zu sein[15].

## 3.2 Willenskraft

Die von Erikson als Wille bezeichnete Tugend entwickelt sich im Alter zwischen 18 Monaten und drei Jahren. Analog zu den wachsenden körperlichen Fähigkeiten wie z.b. Kontrolle der Muskulatur und verbesserte Verbalisierung, wachsen auch die Fähigkeiten des „Ichs"[16]. Hier verweist Erikson auf das epigenetische Prinzip, denn die körperliche und organische Weiterentwicklung führen auch zur psychischen Weiterentwicklung, welche durch soziale und kulturelle Einflüsse bestimmt wird.

Freud bezeichnete diese Zeit als die anale Phase und Erikson ergänzte zu der anal-muskulären Phase, da sich dem Säugling durch Reifung der Muskulatur neue Möglichkeiten wie „Festhalten" und „Loslassen" (insbesondere auch von Ausscheidungen) eröffnen, welche häufig „zum Mittelpunkt des Kampfes um die innere und äußere Kontrolle werden"[17]. (Gerade in den westlichen Kulturen wird großen Wert auf das Beherrschen der Ausscheidungsfunktion gelegt und führt zu Lob oder Tadel.) Die Kontrolle des Stuhlganges z.B. ist für ein Kind ein bedeutender Schritt in Richtung Autonomie und vermittelt erste Erfahrungen von Selbstkontrolle und Selbstwirksamkeit und natürlich auch Selbstwert. Laut Erikson kann jedoch ein Gefühl der Niederlage in dieser Phase zu tiefem Scham und Zweifel führen. Wille, so definiert er, sei die ungebrochene Entschlossenheit, *„sowohl Wahl wie*

---

[15] vgl. Erikson, E.H., 1964, S.104

[16] vgl. Erikson, E.H., 1988, S.43

[17] Erikson, E.H., 1964, S.107

*Selbstbeschränkung frei auszuüben, trotz der unvermeidlichen Erfahrung von Scham und Zweifel in der Kindheit.* "[18]

## 3.3  Zielstrebigkeit

Zielstrebigkeit ist die vitale Tugend der genital-lokomotorischen Stufe, welche das Spielalter zwischen drei und sechs Jahren umfasst. Es ist die Zeit des Spieles, des Ausprobierens und der Phantasie, denn *„das Spiel bedeutet für das Kind, was dem Erwachsenen Denken, Planen und Entwerfen bedeutet, ein versuchsweises Universum, in dem die Bedingungen vereinfacht, die Methoden forschend sind, so dass Irrtümer und Misslingen in der Vergangenheit durchdacht werden können, Erwartungen überprüft.* "[19] Das Kind nimmt die Rollenbilder der Erwachsenen in sein Spiel auf und probiert sich und seine Zukunft sozusagen selbst aus. Auch geschlechtsrollenspezifisches Verhalten wird, orientiert am kulturellen und sozialen Hintergrund, mit aufgenommen und bereits integriert. Laut Erikson spielt bei der Gewissensbildung in dieser Zeit das ethische Beispiel der  Familie eine große Rolle, welche *„zielstrebig in familiären und wirtschaftlichen Bestrebungen vereint ist.*"[20]

Das bedeutet auch sich als Teil dieser Familie zu sehen, sich nützlich zu fühlen, Verantwortung zu

übernehmen und sich mit den Erwachsenen zu messen und zu vergleichen[21], um sich weiter zu entwickeln und um seine Phantasien zur Realität

werden zu lassen. Darum definiert Erikson  Zielstrebigkeit *„als den Mut, als wertvoll erkannte Ziele ins Auge zu fassen und zu verfolgen, unbehindert durch die Niederlagen der kindlichen Phantasie, durch Schuldgefühle und die lähmende Angst vor Strafe.* "[22]

---

[18] ebd. S.107

[19]  ebd. S.108

[20]  ebd. S.110

[21] vgl. Erikson, E.H., 1995, S. 89

[22] Erikson, E.H. 1964, S. 110

## 3.4 Tüchtigkeit

*„Tüchtigkeit ist also der freie Gebrauch von Geschicklichkeit und Intelligenz bei der Erfüllung von Aufgaben, unbehindert durch infantile Minderwertigkeitsgefühle"*[23] , so definiert Erikson die Tugend des Schulalters. Er stellt fest, dass der Mensch arbeiten muss, damit die Ich-Stärken nicht schwinden und da die bisher erlangten Tugenden (Hoffnung, Wille und Zielstrebigkeit) nur eine ungenaue Zukunft vorausahnen, ist es nun die Zeit der Spezialisierung. In der Schule stellt sich heraus, was von den Phantasien der letzten Phase möglich und machbar ist, so lernt das Kind das Gefühl von Erfolg kennen. Mit jeder Entwicklungsstufe macht sich also das Kind *„einen weiteren Ausschnitt seiner Kultur zu eigen"*[24] , d.h. es widmet sich dem Erlernen sozialer

Fähigkeiten, welche die Gesellschaft von ihm erwartet. Laut Erikson werden in dieser Lebensphase in allen Kulturen Kenntnisse zum praktischen Gebrauch vermittelt. Dies ist wichtig um Leistung zu erbringen und damit ein nützlicher Teil der Gesellschaft zu werden, die Voraussetzung für ein starkes „Ich".[25] Die soziale Sphäre des Kindes weitet sich aus, es kommen Lehrer, Gleichaltrige und andere Mitglieder der Gemeinschaft hinzu, welche je noch kulturellem und sozialem Hintergrund verschiedene Funktionen innehaben (z.B. Eltern ermutigen, Peers akzeptieren). Das Kind lernt Erfolg als Ergebnis von Mühe, Eifer und Tüchtigkeit kennen.

## 3.5 Treue

Die Pubertät bzw. Adoleszenz bezeichnet Erikson als die Phase, in welcher der Kampf um Identität stattfindet und als psychosoziales Moratorium, *„als eine Periode, sexueller und kognitiver Reifung und gleichzeitig als ein sanktionierter Aufschub entgültiger Verpflichtungen."*[26]

---

[23] ebd. S. 112
[24] ebd.
[25] vgl. ebd. S. 112
[26] Erikson, E.H., 1988, S.98

Die besondere Ich-Qualität dieser Zeit nennt er Treue, *„die Fähigkeit, freiwillig eingegangene Verpflichtungen trotz der unvermeidlichen Widersprüche von Wertsystemen aufrecht zu erhalten."*[27] Der Jugendliche ist auf der Suche nach seinem „Ich", seinem Platz in der

Gesellschaft, der ihm erlaubt, einen Beitrag zu leisten. Dabei braucht er den Austausch mit und die Bestätigung von Gleichgesinnten und stellt seine Treue, seine Loyalität und Solidarität, ideologischen Werten zur Verfügung, die ihm Kulturen, Gesellschaften oder Religionen bieten.[28] Laut Erikson liegt es hier in der Verantwortung der *„erwachsenen Menschen, der bereitwillige Loyalität der Jugend Inhalt zu geben und geeignete Objekte für ihr Bedürfnis nach Ablehnung anzubieten."*[29] Denn einerseits sucht die Jugend Verschmelzung und andererseits Abgrenzung. So sind gerade Jugendliche auf der Suche nach Identität, anfällig dafür, sich mit einem gewissen Fanatismus Gruppen anzuschließen, die eine detaillierte Identität bieten (z.b. religiöse Kulte oder militante Gruppierungen mit totalitärer Weltvorstellung)[30] Deshalb hat Treue, nach Erikson, einen starken Bezug zum kindlichen Vertrauen der ersten Stufe und zum reifen Glauben der letzten[31], denn einerseits suchte sie Führung und andererseits folgt sie mit großem Eifer. Er mahnt die Verantwortung der Gesellschaft an, da Treue und Identität unerlässlich seien für die ethische Stärke. Es sei der Auftrag der Gesellschaft, ihrer Mitglieder und ihrer Kultur, die Kräfte der Jugend in die richtige Richtung zu lenken und dem Guten nutzbar zu machen.[32]

---

[27] Erikson, E.H., 1964, S.113

[28] vgl. ebd. S.113

[29] ebd. S. 114

[30] vgl. Erikson, E.H., 1988, S. 98

[31] vgl. ebd. S.96

[32] vgl. Erikson, E.H., 1964, S. 114

## 3.6 Liebe

Neben den vielen Formen der Liebe, die jedem Stadium des Lebenszyklus innewohnen, z.B. *„die tröstliche und angstvolle Verhaftung des Säuglings an seine Mutter"[33]*, spricht Erikson von der Tugend Liebe des Erwachsenenlebens *„von der Gegenseitigkeit der Hingabe, die für immer den Antagonismus überwindet, der in der geteilten Funktion enthalten ist. Sie durchdringt die Intimität der Individuen und ist damit die Grundlage der ethischen Strebungen."[34]* Nach der Ansicht Eriksons entwickelt sich diese Liebe aus der empfangenen Liebe und Fürsorge der vorangegangenen Entwicklungsstufen und wird umgeformt in Fürsorge und Liebe des Erwachsenen, die anderen selbstlos zugewendet wird. Die bis zu diesem Stadium entwickelten kognitiven und körperlichen Fähigkeiten, sowie die psychosozialen Stärken, also die Entwicklung eines starken Identitätsgefühls, machen es nun dem jungen Erwachsenen möglich sich durch Partnerschaft und Bindung zu verpflichten und dafür Kompromisse einzugehen und eine erwachsene Sexualität zu leben. An dieser Stelle betont Erikson den bereits von Freud erwähnten wechselseitigen Einfluss der Geschlechter aufeinander.

## 3.7 Fürsorge

*„Fürsorge ist die sich immer erweiternde Sorge für das, was durch Liebe, Notwendigkeit oder Zufall erzeugt wurde, sie überwindet die Ambivalenz, die der unwiderruflichen Verpflichtung anhaftet."[35]* Fürsorge stellt für Erikson eine wesentliche Qualität der psychosozialen Entwicklung dar, denn die Menschen im späten Erwachsenenalter sind es, die Hoffnung, Wille, Zielstrebigkeit und Können an die nachfolgenden Generationen vermitteln und damit zu deren psychosozialer Entwicklung und zur Generationenfolge beitragen. Der Mensch dieser Lebensphase hat *„es nötig gebraucht zu werden"[36]*, um sich selbst weiterzuentwickeln.[37]

---

[33] ebd. S.115

[34] ebd. S.118

[35] ebd. S. 119

[36] ebd. S. 119

[37] Negativbeispiele sind Leute die Heimtiere oder sich selbst verhätscheln, statt Kinder

Fürsorge muss aber nicht immer Elternschaft sein, sondern Erikson schließt auch andere „zeugerische"[38], schöpferische, forschende oder lehrende Tätigkeiten und Fähigkeiten ein, die dem Fortbestand der Menschheit und dem Wohle zukünftiger Generationen dienen, gemeint ist eine Ausdehnung der Liebe in die Zukunft hinein. Dabei erinnert er an die ethische Verantwortung des Menschen, „seine Fähigkeiten zu unbeschränkter Vermehrung, Erfindung und Ausdehnung zu lenken und planvoll einzuschränken"[39], zum Wohle zukünftiger Generationen.

## 3.8 Weisheit

Erikson beschreibt den gesamten Lebenszyklus in Form eines Kreises, der sich im Alter schließt, da das Alter eine Periode relativer Hilflosigkeit ist, genau wie der Anfang.[40] Als Tugend dieser Phase nennt er die Weisheit, welche er als *„distanziertes Befaßtsein mit dem Leben selbst, angesichts des Todes selbst"[41]* definiert und meint damit einen reichen Erfahrungsschatz, der es Älteren erlaubt *„menschliche Probleme in ihrer Ganzheit zu sehen"[42]*. Für Erikson liegt die Aufgabe der älteren Menschen darin, den nachfolgenden Generationen Antworten zu geben, sie zum Nachdenken über die Endlichkeit des Lebens anzuregen[43] und Beispiel dafür zu sein, ein Leben abzuschließen und den Tod nicht zu fürchten. Das setzt voraus den eigenen Lebenszyklus so zu akzeptieren wie er sich darstellt, also mit seinem Leben im Reinen zu sein und mit dem Ende des Lebens zurecht zu kommen. Die ethische Aufgabe im Lebenskreislauf aller Generationen sieht Erikson darin, für die Älteren lebenswerte Bedingungen zu schaffen, um in Würde sein Leben beschließen zu können.[44]

---

[38] Erikson, E.H., 1964, S,119

[39] ebd. S.120

[40] vgl. ebd. S. 122

[41] ebd.

[42] ebd.

[43] Erikson, E.H., 1988, S. 80

[44] Vgl. Erikson, E.H., 1964, S. 121

# 4 Ethik in der Wechselwirkung der Generationen

Schon Siegmund Freud ging davon aus, dass das Über-Ich der Kinder durch das Über-Ich der Eltern geprägt wird und damit Wertvorstellungen, Normen und Traditionen von Generation zu Generation weitergegeben werden.[45] Das Über-Ich ist sozusagen der moralische Gegenspieler des ES, welches nach ständiger Bedürfnisbefriedigung, ohne Rücksicht auf Verluste und Moral, strebt. Das Über-Ich dagegen verhält sich nach dem „Moralitätsprinzip" und umfasst die im Laufe der Entwicklung übernommenen Werte- und Normvorstellungen. Es belohnt normgerechtes Verhalten und bestraft von der Gesellschaft missbilligte Wünsche und Bedürfnisse mit Schuldgefühlen. Das Über-Ich wird laut Freud zwischen dem vierten und fünften Lebensjahr ausgebildet, dies deckt sich mit Eriksons dritter Entwicklungsstufe, in der er die Entwicklung des Gewissens sieht. Erikson spricht davon, dass sich das menschliche Gewissen durch die verschiedenen Entwicklungsstadien hindurch weiterentwickelt, von einer moralischen Haltung als Kind bis hin zu einer ethischen im Erwachsenenalter, geprägt durch die Interaktion mit anderen (nachfolgenden oder früheren) Generationen. Dabei definiert er moralische Verhaltensregeln als solche, die durch Verbote und Androhung von Folgen eingehalten werden und ethische Regeln, als auf höheren Idealen beruhend, denen aus Überzeugung Gutes zu tun gefolgt werde.[46] (Diese Definition deckt sich nicht mit den Definitionen anderer Nachschlagewerke. Hier wird Ethik meist als Sittenlehre bezeichnet[47].) Auch die Entwicklung des Gewissens folgt laut Erikson dem epigenetischen Prinzip, wonach sich die moralische Neigung des Menschen in der Kindheit entwickelt[48] und er sich in der Adoleszenz durch ideologische Vorstellungen einem ethischen Standpunkt nähert. Dies wird aber erst durch die gemeinsame Entwicklung kognitiver, emotionaler und sozialer Fähigkeiten möglich.[49] Erst eine

---

[45] vgl. Erikson, E.H., 1988, S.124

[46] vgl. Erikson, E.H., 1964, S. 200

[47] Textor, A.M., 1996, S. 89

[48] Erikson, E.H., 1964, S. 203

[49] vgl. ebd. S. 204

Entwicklungsstufe weiter spricht Erikson dem junge Erwachsene „*wahres ethisches Gefühl*"[50] zu, welches sowohl „*moralische Einschränkung und ideale Vision*"[51] umfasst.

Doch damit diese Ethik heranreifen kann, muss sie von Generation zu Generation weitergereicht und gepflegt werden,[52] denn die genannten moralischen, ideologischen und ethischen Tendenzen sind nach der Meinung Eriksons von der frühen Erfahrung der Wechselseitigkeit abhängig z.b. die Beziehung zwischen Mutter und Kind wie auf Seite 6 beschrieben. (Während die Mutter dem Kind Hoffnung, und damit ein Stück Identität in der Zukunft, durch Erfüllung seiner Bedürfnisse schenkt, bestärkt es ihr Identitätsgefühl und ihre Bereitschaft zu ethischem Handeln.[53]) Doch dies ist nur der Anfang, im Verlauf der Entwicklung der Tugenden eines jeden Menschen erweitert sich der Personenkreis, mit dessen Tugenden die seinen in Wechselseitigkeit verflochten sind.[54] Darum kommt Erikson zu der Erkenntnis die in der Goldene Regel[55] ausgedrückte moralische Regel, welche in mannigfaltigen Variationen Grundbestandteil der ethischen Vorstellungen vieler Religionen ist, nach seinen Erkenntnissen über die Entwicklung und wechselseitige Beeinflussung der Menschen umzuformen in:

„Tue einem anderen das, was sein Wachstum fördert, denn es fördert dein eigenes.[56]"

Damit appelliert er an die menschliche Vorstellungskraft, Einfühlung, Gegenseitigkeit und Folgenbewusstsein. Er macht deutlich, dass die Freiheit zu wählen auch die Verantwortung für diese Wahl nach sich zieht.

---

[50] ebd. S. 205

[51] ebd.

[52] vgl. ebd. S. 206

[53] vgl. ebd. S. 210

[54] vgl. ebd. S. 211

[55] z.B. „Was du nicht willst, was man dir tue, das füg auch keinem anderem zu."

[56] Erikson, E.H., 1964, S. 212

13

# 5 Literaturverzeichnis

| | |
|---|---|
| Erikson, E.H. | Der vollständige Lebenszyklus<br>1. Auflage, 1988<br>Suhrkamp Taschenbuch Verlag |
| Erikson, E.H. | Einsicht und Verantwortung<br>Die Rolle des Ethischen in der Psychoanalyse,<br>1964<br>Ernst Klett Verlag |
| Erikson, E.H. | Identität und Lebenszyklus<br>Frankfurt, 1995,<br>Suhrkamp Taschenbuch Verlag |
| Textor, A.M. | Auf deutsch<br>Das Fremdwörterlexikon<br>1996, Rowohlt-Verlag |
| Zimbardo, P.G.<br>Gerrig, R.J.<br>(Hrsg.) Hoppe-Graff, S.<br>(Hrsg.) Engel, I. | Psychologie<br>7. neu übersetzte und bearbeitete Auflage, 1996,<br>Springer-Verlag |